"EL **OTOÑO** EN NUESTRA **VIDA**"

REFLEXIONEMOS

ERIKA STRAUBE RÍOS

ISBN: **ISBN:** 9798395371065

NOTAS AL LECTOR

Para cada lector que tenga la oportunidad de ver volar una hoja de árbol en otoño, no dude en tomarla y ella le llevará mágicamente a conocer cómo vivir el otoño en su vida.

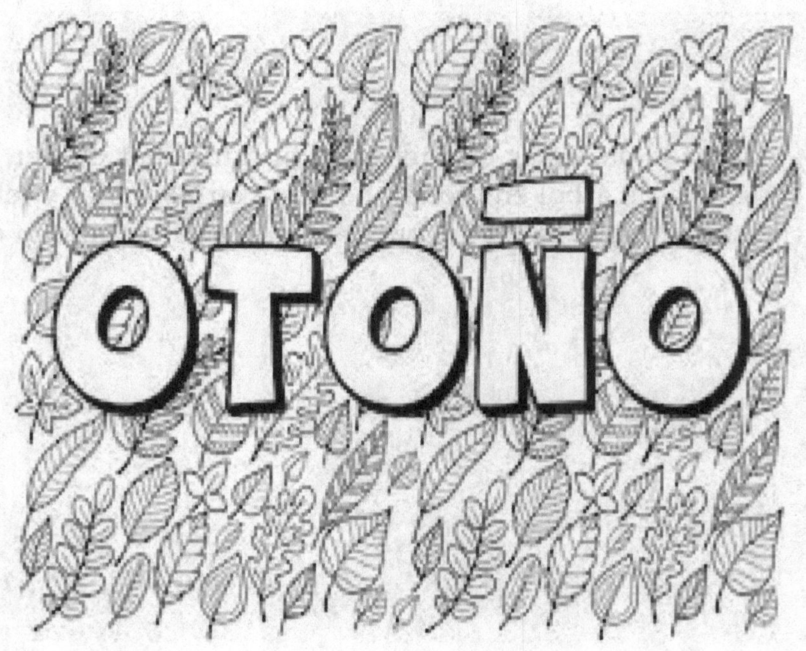

OTOÑO

"Frío, lluvia, viento, días Grises... Aunque ahora el sol nos acompañe, estos días también llegarán y nos apetecerá quedarnos en casa y disfrutar de una buena lectura"

Recomiendo totalmente el libro, ya que me sentí identificada con el tema de "vivir nuestro otoño", ya que me encuentro justo en esa etapa donde cuesta soltar las cosas que tenemos demás como dice su autora. El otoño que conocemos por la caída de las hojas, refleja nuestra vida donde debemos hacer un alto y pensar qué debo soltar o dejar ir en mi vida para tener una buena vejez.

Es el momento de pensar en uno y si está en pareja pensar en el nosotros, cómo nos organizamos para vivir los años que nos queden en paz con uno, con Dios, con nuestros hijos y nietos.

Es de suma importancia agradecer por todo lo que nos entregó la vida.
María Cristina (65años)

Encuentro muy interesante el tema de nuestro otoño, cómo vivirlo a diferentes edades y la Autora lo enfoca muy bien al recordarnos las etapas de los seres vivos y cómo se conectan las estaciones del año con el ciclo de nuestra vida.

Muy bien enfocado el tema y nos llama a hacer un alto y pensar en nosotros. Los adultos mayores, para que seamos felices nos invita a dejar caer cosas que no nos sirven ya en nuestra vida, al igual que lo hicieron los árboles que dejan caer las hojas secas.

Mantener la fe siempre en todo lo que hagamos y dedicarnos un tiempo a nosotros luego de haber tenido los hijos y estando grandes, llegó la hora de disfrutar nuestra vida.

Sofía Gómez (58 años)

Me encanta el otoño en mi vida, pienso que es una etapa que la gran mayoría de las personas la vivimos y podría decir que no tomamos en cuenta por qué los árboles se despojan de sus hojas.

Al conocer a la autora estoy segura que este libro llegará muy bien a las personas, sin importar la edad que tengan, ya que en él encontrarán el por qué debemos cuidarnos y despojarnos a cierta edad de lo que no nos sirve para avanzar, pueden ser personas, objetos que hay que soltar para ser feliz y pensar en vivir plenamente nuestro otoño, algunos ayudarán al prójimo otros a sus vecinos y también disfrutarán a su familia.

Gracias por todo lo que nos entrega Erika en este gran libro.
Anita Campos (72 años)

¿Quiéres saber lo lindo de nuestra etapa "El otoño"?

Te invito a leer este libro que te hará sentir que estás viviendo **tu propio otoño.**

Un libro interesante donde encontrarás respuestas para vivir tu otoño de la mejor manera, te emocionarás al leerlo y te hará pensar en tu propio otoño y en lo que debes despegar de tu vida que ya no necesitarás para las nuevas etapas.

Está escrito por Erika Straube Ríos una excelente autora que está viviendo como nosotros esta linda etapa del otoño.

Para mí, **vivir mi otoño** es una "Bendición de Dios". Es un tiempo que se nos da en la vida para **Agradecer a Dios** lo vivido y todas sus Bendiciones.

Agradecer las Lágrimas y Sonrisas del Ayer, porque me enseñaron a ser la feliz y Agradecida mujer que soy hoy. Mi meta en esta etapa es seguir buscando todo lo necesario en el Amor de Dios, con la ayuda de nuestra **Madre Santísima**, para mis hijos, para mis nietecitos y para mí, esa Felicidad Tranquila, Serena, y Bendecida que solo Dios nos puede dar.

Mónica Vargas (68 años)

DEDICATORIA

Este libro se lo dedico con mucho cariño, admiración y respeto a todos/todas las personas que están viviendo el otoño en su vida, para que reflexionen sobre la importancia de dejar caer las hojas y continuar el camino que Dios nos tiene trazado.

"En la juventud aprendemos, en la vejez entendemos"
Marie von Ebner-Eschenbach, escritora

AGRADECIMIENTOS

Agradezco de corazón a mi abuelita Berta y mi madre Violeta Q.E.P.D. quienes fueron mi ejemplo de mujer a seguir, ellas me enseñaron los valores, la fuerza para enfrentar las dificultades que se presentan en la vida y cómo salir adelante sin rendirse.

Vivieron su otoño rodeadas de sus hijos y nietos. Aunque un accidente le quitó la vista a mi abuelita a muy temprana edad, no le quitó las ganas de vivir y de enseñarnos a ser buenas personas, mientras mi madre viuda a los 35 años se dedicaba a trabajar para mantener nuestra familia Y cada una en su etapa vivió el otoño desprendiéndose de lo que no era necesario.

Gracias Bertuchita y Lole como les llamábamos desde pequeños

PROLOGO

<u>OTOÑO</u>

OTOÑO LLEGÓ.
MARRÓN Y AMARILLO.
OTOÑO LLEGÓ.
Y HOJAS SECAS ESTAMPÓ.

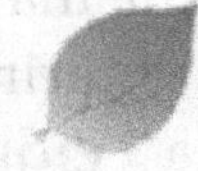

EL VIENTO DE OTOÑO
SOPLA, SOPLA, SOPLARÁ
Y CON LAS HOJAS SECAS
ME DEJA JUGAR

El poema otoño nos transporta desde pequeños a una estación del año donde los árboles comienzan a despojarse de sus hojas que se han secado para que en primavera vuelvan a brotar, verdes y brillosas.

En el libro "El otoño en nuestra vida", la autora quiere dejarnos un mensaje importante para nuestra vida. "Debemos estar preparados para enfrentar este otoño" y nos hacemos muchas preguntas: ¿cómo?, ¿cómo será nuestro otoño?, ¿estamos preparados para vivirlo?, ¿conocemos las etapas de la vejez?

A medida que avancen en la lectura irán descubriendo la respuesta a esas preguntas que muchos adultos nos hacemos y que muchas veces no le encontramos respuesta.

Todos los seres vivos tienen etapas como: nacer, crecer, desarrollarse y morir; si pensamos en el ser humano también tiene las mismas etapas de nacer, crecer, desarrollarse y morir, pero si hablamos de los Ciclos de la Vida humana podemos reconocer que comenzamos en:

- la familia,
- Primera Infancia (0-5 años)
- Infancia (6-11 años), Adolescencia (12-18 años),

- Juventud (14-26 años), Adultez (27-59 años),
- Persona Mayor (60 años o más), envejecimiento y vejez.

La etapa de la adultez en el ser humano es muy importante, ya que durante esta fase se afianza el sentido de la responsabilidad, el desarrollo del compromiso, buscamos tranquilidad en relación al trabajo y se buscan relaciones más estables, o simplemente decidimos vivir esta etapa solos.

Nuestro otoño es un momento de análisis profundo de nuestra vida, lo que queremos en ella o lo que queremos soltar. Más que querer soltar, debemos soltar para poder vivir una adultez tranquila. Ya nos ocupamos de los hijos, ahora debemos disfrutar a los nietos y decidir ser felices.

Esta etapa es el momento preciso para luego de autoanalizarse, dejar todo lo que está demás en nuestra vida al igual que los árboles se despojan de sus hojas secas, nosotros nos despojamos de lo que ya no usamos o no nos sirve.

La autora hace un llamado a vivir nuestro otoño dignamente, despojados de todo lo que nos hace daño y entregar amor a la familia y disfrutar la vida y agradecer todo lo vivido.

INTRODUCCIÓN

"Aprecia todos tus momento felices; harán un buen colchón para tu vejez."

– Booth Tarkington, novelista y dramaturgo.

El otoño en nuestra vida es un gran tema que nos cuesta enfrentar cuando llegamos a esta estación. Los ciclos de la naturaleza nos enseñan desde pequeños que en la estación de otoño los árboles caducos sueltan sus hojas cuando comienzan a cambiar de color y se secan cubriendo el suelo como un colchón de hermosos colores. Ellos saben que llegando la primavera volverán a tener unas hermosas hojas verdes y brillantes por los rayos del Sol.

En la vida del ser humano también vivimos nuestro otoño, llegamos a la senectud o a la llamada vejez. Muchas personas piensan que es el final de la vida, que nos queda muy poco por vivir, es por eso, que les invito a identificar las tres etapas de la vejez para reconocerlas según la edad que tengan en el momento que lean este libro.

También hablaremos de las características tanto físicas como psicológicas que nos afectan y que muchas veces pensamos que estamos en el final de nuestra vida.

Esta etapa que vivimos los seres humanos, nos invita a reflexionar, a descubrir que no por estar en la etapa de la senectud, no tenemos derecho a ser felices y disfrutar de la vida. Llegamos a una etapa en que hacemos un alto para pensar en todo lo vivido, donde tenemos que aprender a dejar ir, desprendernos de las cosas que ya no nos sirven para vivir la siguiente etapa.

Nos invita el otoño a renovarnos y tener esperanza, también nos invita a compartir con su pareja, su familia, sus hijos y sobretodo con sus nietos si es que los tiene sin dejar de lado a sus amigos.

Es un momento de detenernos y no sentirnos mal por lo que no se pudo lograr, debemos ocuparnos de nosotros, amarnos y despojarnos de todo lo que ya no utilizaremos. Debemos sentirnos libres para renovarnos y hacer lo que realmente nos guste.

Para continuar con las etapas de la senectud tendremos que comprometernos a mantener una vida saludable, hacer ejercicios, para no enfermarnos, en esta última etapa nos ocupamos del servicio, de pensar, sentir y actuar. La felicidad mejora la salud y sentimos que se prolonga la vida. Recogemos los frutos de todo lo que hemos estado haciendo.

Madre Teresa de Calcuta nos deja una reflexión:

"Yo hago lo que

TÚ NO PUEDES HACER,

Y tú haces lo que

YO NO PUEDO HACER

Juntos podemos hacer

CAPÍTULO I

"REFLEXIONEMOS SOBRE EL OTOÑO"

**"No dejas de reír porque te haces mayor
Te haces mayor porque dejas de reír"**.
– Maurice Chevalie, actor.

Un pensamiento de madre María Teresa de Calcuta sobre la vida:

"Si no se vive para los demás, la vida carece de sentido"

Tomando en cuenta el mansaje de madre Teresa de Calcuta podemos deducir que nuestra vida está relacionada con el vivir para los demás. Cuando somos madres volcamos todo nuestro amor y atención a los hijos, esposo y familia. Luego pasamos a la etapa del trabajo y que también nos dedicamos a laborar, compartir con personas y nos damos cuenta que estamos viviendo para los demás.

Pasan los años, vamos avanzando en la edad, nuestro cuerpo cambia, el genio sube y baja muchas veces nos podemos sentir cansados de nuestro trabajo y nos damos cuenta que estamos llegando a una edad muy especial, hemos llegado al otoño de la vida o a la etapa de senectud, quizás muchos nos pensionamos y seguimos viviendo para los demás, pero ahora ayudando a otras personas y ese tiempo que dedicamos a ser solidarios participando posiblemente en grupos sociales, en catequesis y estas actividades nos da un nuevo sentido a nuestra vida. **"Nos volvemos a sentir útiles"**

Si recordamos cuáles son las etapas de la vida de los seres vivos, incluyendo al ser humano, todos tienen un tiempo o período en el que evolucionan progresivamente y pasan por cuatro etapas de la vida: **nacer, crecer, reproducirse y morir.**

Cuando comienza el otoño, maduran los últimos frutos y Caen las primeras hojas, el invierno es el tiempo de hacer una reflexión tranquila, de auto reflexionar y de prepararnos para los nuevos comienzos que se avecinan.
Si nos detenemos UN momento a pensar que si la primavera es tiempo de **renovación** y el verano de **plenitud**, el otoño es tiempo de **maduración y culminación**, de soltar y de sembrar las semillas de lo que dará fruto el próximo año. Entonces en **otoño** estamos en una etapa para la **reflexión y la intuición.**

"Dentro del ciclo anual, el otoño corresponde al atardecer en el día y a la culminación de la madurez en la vida. Es tiempo de culminación y de declive".

Igual que en el otoño, los árboles parecen desprenderse de lo que no es esencial, como también lo hace la naturaleza y nosotros como seres humanos siguiendo sus pasos también podemos soltar lo que ya no nos sirve.

El otoño en nuestra vida, **"estemos en pareja o solos"** nos invita a hacer un alto para soltar, prepararnos y agradecer.

Nos llama a **soltar** objetos, relaciones y sentimientos, para dar cabida a nuevas emociones en nuestra vida.

A prepararnos interiormente para el invierno, podemos imitar a las hormigas que se preparan buscando alimento para pasar el invierno, nosotros también debemos prepararnos para la nueva estación fría que se acerca cada día más.

No olvidemos **agradecer** a la tierra las riquezas que nos ofrece para nuestra vida, tiempo perfecto para bendecir todo lo que tenemos, lo que hemos alcanzado con nuestro esfuerzo y que podemos disfrutar cada día, incluyendo las personas que nos rodean y cada detalle que nos permite vivir.

Cada persona tiene diferentes motivos para agradecer, puede ser por la salud, por los hijos, nietos, por su esposo o esposa, por tener un hogar, trabajo y vida. Y es aquí donde podemos hacer un balance de nuestra vida en general, detenernos un momento, cerrar los ojos y pensar en lo que hemos vivido juntos como familia.

Hemos llegado con pareja o no a una edad que analizamos el pasado, presente y pensamos en el futuro. Pero no olvidemos nunca que **este otoño en nuestra vida** es una **etapa de la vida del ser humano**, donde podemos hacer una autoevaluación, quizás hacer algunos cambios necesarios, así como hay momentos que cambiamos la ubicación de los muebles en la casa o cambiamos la ropa que usamos, debemos enfrentar cambios en nuestra vida para seguir adelante con esperanza, amor y Fe. Así estaremos dispuestos a renovarnos y disfrutar este otoño, encontrando las fuerzas para vivir esta etapa y pasar a la siguiente.

"Nos corresponde soltar lo que ya no necesitamos, desapegarnos de las formas de ser que ya no dan fruto, encontrar un lugar de calma interior y prepararnos para empezar de nuevo".

Podemos soltar relaciones marchitas, despidiéndonos de manera genuina, con agradecimiento y responsabilidad.

Es muy probable que nos sintamos estresados, podemos tener aún hijos adolescentes en etapa tardía, preocupaciones por nuestros padres, por el trabajo o por ya haber terminado la etapa laboral. El sentido de la vida llega a ser un punto muy importante, pensamos si las decisiones que hemos tomado son importantes, son las correctas o debemos hacer cambios. Todo esto nos estresa y necesitamos dejar caer esas preocupaciones así como caen las hojas de los árboles en otoño para que en primavera broten nuevas hojas verdes con más energías.

"Experiencia es simplemente el nombre que damos a nuestros errores". – Oscar Wilde, escritor, poeta y dramaturgo

¿Te has preguntado alguna vez cómo quieres vivir tu otoño? Sierra un rato tus ojos y siente el latir de tu corazón para que imagines cómo crees que será tu etapa de adultez. ¿Lo sentiste al corazón? Ese latir significa que estás vivo y todos debemos agradecer por ello.

CAPÍTULO II

"ETAPAS DE LA ADULTEZ"

Uno empieza a ser joven a la edad de sesenta años". – Pablo Picasso, pintor.

"Cuando se comparan las estaciones del año con las edades de la vida, a veces se ubica al otoño como el período que comienza a los 60 años. La primavera abarca la niñez y la adolescencia, el verano la juventud y la edad adulta, y el invierno la vejez."

Al llegar cerca de los 60 años nos consideran que estamos en el rango de la tercera edad. Por ejemplo en Colombia si la persona alcanza los 55 años es considerada de la tercera edad, en España se considera a partir de los 65 años, mientras que en México a partir de los 60 años se es un adulto mayor.

Según la Organización Mundial de la Salud (OMS) se considera a una persona como de la tercera edad a partir de los **60 años en países de bajos y medianos ingresos,** mientras que en los **países con altos ingresos** una persona mayor de **65 años** se considera adulto mayor.

¿Cuáles son las etapas del ciclo vital de la familia?

- La vida de pareja o el matrimonio.
- La crianza de los hijos: desde los bebés hasta los adolescentes.
- La separación de los hijos adultos.
- La jubilación o la tercera edad

Para comprender mejor las etapas a que nos enfrentamos desde que nacemos recordemos el Ciclo de la Vida

- Familia.
- Primera Infancia (0-5 años)
- Infancia (6 - 11 años)
- Adolescencia (12 - 18 años)
- Juventud (14 - 26 años)
- Adultez (27- 59 años)
- **Persona** Mayor (60 años o más) envejecimiento y vejez.

A medida que los seres humanos vamos envejeciendo, pasamos por diferentes fases o **etapas** de la vida.

Necesitamos comprender y reconocer cuáles son las etapas de la Adultez, pero antes definamos **¿qué es la adultez?**

La adultez es la etapa que va **después de la adolescencia**, aproximadamente desde los **25 años**. Durante esta fase se afianza el sentido de la responsabilidad, el desarrollo del compromiso y la búsqueda de una tranquilidad en relación al trabajo, también se buscan relaciones más estables.

Senectud: sinónimo de tercera edad, término que hace referencia **a 3 etapas**

- **60 a 70 años: Senectud.**
- **72 a 90 años: la Vejez.**
- **Más de 90 años: Ancianos.**

Así como en las etapas de la adolescencia se producen muchos cambios tanto físicos como psicológicos y sociales, en la adultez también hay cambios que afectan a los adultos.

Cambios psicológicos que se producen en la adultez.

Los síntomas psicológicos más comunes son:

- Nerviosismo
- Ansiedad
- Tensión
- Cólera
- Irritación
- Depresión

Estas dolencias influyen indirectamente sobre la salud. Lo que la gente haga o se abstenga de hacer y el modo como responda a los cambios de vida y los retos puede afectar directamente su salud.

En el segundo período del otoño entonces vivimos cambios físicos tenemos menor fuerza muscular, la sexualidad también se ve afectada, ya no es como cuando éramos jóvenes, podemos decir que el otoño de nuestra vida es como vivir una "segunda pubertad". Pero no olvidemos que estamos vivos, amamos y deseamos que nos amen. Este amor es un amor tranquilo, de entrega y protección hacia el otro.

Todo depende de nuestra actitud, el estilo de vida saludable previene enfermedades degenerativas. Si nos ocupamos de mantener una alimentación sana, con alimentos que nos nutran y fortifiquen, esto nos permitirá concentrarnos en el aspecto psicológico y preocuparnos de los demás.

En esta etapa nos podemos desarrollar en lo personal y acción social, nos ocupamos de estar al servicio de los demás a pensar, sentir y actuar. La felicidad mejora la salud y sentimos que nuestra vida se prolonga. Es una etapa de mayor nivel de realización, recogemos los frutos de todo lo que hemos estado haciendo.

"La edad es algo que no importa, al menos que seas un queso". – Luis Buñuel, director de cine.

El otoño= la adultez, esta etapa es muy importante en el desarrollo y crecimiento de la persona y de una sociedad. Cuando no existen adultos racionales, maduros y conscientes de su realidad hay muchos problemas.

Hemos hablado de la importancia de cada etapa del ser humano desde que nacemos hasta que se nos acaba la vida, y cada una de esas etapas es la base para la otra, todo está ligado.

Cuando hemos tenido una base sólida desde pequeños en la familia, en el hogar que nos criamos, nuestros padres nos entregaron valores y principios morales para llegar bien preparados a la etapa de adultez.

Nuestros padres se ocuparon en darnos lo mejor que ellos podían, nos entregaron alegría y felicidad para enfrentar la primavera admirando los hermosos colores de las flores, nos enseñaron a cuidarnos en el invierno para no enfermarnos con los fríos o con la lluvia, aprendimos a admirar el Sol que nos alumbra y nos entregaron amor por la naturaleza, disfrutar el verano y prepararnos para cuando llega el otoño en nuestra vida.

La persona que no tuvo la oportunidad de conocer estas enseñanzas de los padres, puede ser que lo recibió a sus abuelos, pero no por lo que le haya tocado vivir anteriormente no va a poder entregarles valores y amor a sus hijos. Solo dependerá de su propia fuerza interna y del apoyo de su ente supremo superior y el como agente de cambio con su interior y la sanación de las heridas vividas.

Cómo podemos enfrentar el invierno, la vejez y la muerte en esta etapa, no tendría por qué ser una etapa donde nos domine el miedo, y que no sea el color negro el que predomine. Al contrario debemos tomar esta etapa con meditación, reflexión, espiritualidad, serenidad, sabiduría y paz.

Son sentimientos que nos ayudan a aceptar la perdida de lo inalcanzable, la renuncia a lo inútil y lo innecesario. En este invierno sentimos nostalgia y añoranza por el pasado que se fue, pero aquí es donde nacemos a otra vida más armoniosa y nos despegamos de lo que no sirve. Aprendemos a disfrutar lo simple de la vida, crecemos espiritualmente, vemos los frutos que cosechamos, vemos lo que fuimos, hicimos y creamos y todo lo hicimos lo mejor que pudimos y ese es nuestro legado y regalo a la vida.

Al llegar a la muerte sabemos que la transformación de nuestra persona humana dejo de tener valor, para estar y entrar en absoluta comunión con nuestra Alma, corazón y espíritu.

Será una etapa que retornaremos a nuestro Origen y nos reencontraremos con nuestro yo y Dios. Lo importante es aprender lo bello, lo hermoso y dogmático de cada etapa que vivimos cuando deseamos hacerlo. Aceptar que somos más que estaciones del año y más que etapas de la Vida. Somos un Todo con el Todo y somos lo que deseemos ser…tanto en primavera, verano, otoño o invierno. Eso es lo único verdadero y real.

"SIGNIFICADO DEL OTOÑO"

"Caen las hojas de manera tranquila y dulce ofreciendo un espectáculo hermoso"

Si buscamos en el diccionario una definición de otoño podemos encontrar lo siguiente:

OTOÑO

Nombre masculino

1.-Estación del año comprendida entre el verano y el invierno; en el hemisferio norte, se sitúa aproximadamente entre el 21 de septiembre, equinoccio de otoño, y el 21 de diciembre, solsticio de invierno, y en el hemisferio sur entre el 21 de marzo y el 21 de junio.

2.-Período en la vida de una persona cercano a la vejez.

"El anciano sentía que estaba en el otoño de su vida"

El otoño se caracteriza por la **caída de las hojas** de aquellos árboles que forman parte Del grupo de los caducifolios. Los árboles de este tipo, a diferencia de los perennes, renuevan sus hojas cada año. Con la llegada Del otoño, por lo tanto, las hojas adquieren UN color amarillento o amarronado y caen al **<u>suelo</u>** una vez que están secas.

Durante el invierno, los árboles caducifolios permanecen "DESNUDOS" y recién vuelven a exhibir su follaje en la primavera.

A nivel simbólico, el otoño se asocia a la **madurez** o al **ocaso de la vida**. Por ejemplo:

"NUNCA PENSÉ QUE, EN EL OTOÑO DE MI EXISTENCIA, VOLVERÍA A ENAMORARME", "EL CANTANTE SABE QUE ESTÁ TRANSITANDO EL OTOÑO DE SU CARRERA Y DESEA RETIRARSE CON UNA ÚLTIMA GIRA", "ESTOY EN MI MEJOR MOMENTO, TODAVÍA FALTA PARA QUE LLEGUE EL OTOÑO Y LA _etapa_ DE REPOSO".

El otoño no es nuevo, como tampoco lo es la primavera, el verano ni el invierno. Son estaciones familiares y muchas veces esperadas con ansias. Nunca deja de sorprendernos el cambio de mareas que viene a recordarnos sin falta cada tres meses que lo único cierto e indudable es la transformación.

En nuestra vida el otoño se asocia tradicionalmente a la melancolía, nos retiramos del mundo exterior, física y psicológicamente y nos volvemos hacia el interior.

También podemos decir que es una etapa de transición, los días son más cortos, hay menos horas de luz, la climatología es más adversa y ello repercute en nuestro estado de ánimo, en los cambios de humor, la falta de concentración, los resfriados y el estrés.

Pasamos menos tiempo al aire libre y estamos más en casa, dedicados a actividades menos energéticas que las del verano: leemos, conversamos y podemos volver a gozar del fuego del hogar.

Constantemente estamos pensando en los hijos, nietos y en la familia, nos ponemos melancólicos porque pensamos que ya vamos llegando a los 60, 70, 80 años y que quisiéramos hacer tantas cosas, pero nos asusta un poco el futuro y nos cuestionamos si lograremos hacer lo que nos queda pendiente.

Debemos detenernos ya en esta etapa para analizarnos y ocuparnos de nosotros mismos, de compartir con la pareja, disfrutar la vida. Nosotros, a los que Dios nos bendijo con hijos y nietos como también a los que no los tuvieron, pero cuidaron sobrinos o a sus padres ha llegado el momento de agradecer a Dios por todo lo que nos ha permitido vivir y ocupar nuestro tiempo en compartir con nuestra pareja, familia, amigos y entregarles amor, comprensión y Fe.

Nos hemos preguntado muchas veces ¿Qué significa el otoño en el amor?

Podemos hablar de almas otoñales que se encuentran en el crepúsculo de una etapa en la que entender el amor, ya no como una conquista o una invasión, sino como una conexión basada en la alegría, la ternura y la complicidad. Son relaciones (habitualmente) honestas que dan paso a una etapa maravillosa.

Este amor puede darse en el matrimonio, en una persona viuda que tiene algún reencuentro con el amor, en una persona soltera que también encuentra ese amor basado en la ternura y complicidad y deciden disfrutar juntos la vida otoñal.

Como mujeres de otoño esta etapa de la vida nos invita a descubrir cuan valiosa somos, el poder ilimitado que hay en cada una de nosotras y el derecho que tenemos de ser felices. Nos invita a vivir plenamente la vida, pues es nuestra y de nadie más.

Debemos sentirnos orgullosos de estar viviendo esta etapa del otoño en nuestra vida.

"Vivir el otoño es ejercitar el corazón valiente
que le dice sí a todo. Amar, abrazar, y dejar

CAPÍTULO IV

"LA INVITACIÓN DE OTOÑO PARA NUESTRAS VIDAS"

"El secreto del genio es transportar el espíritu del niño a la vejez, lo que significa no perder nunca el entusiasmo". – Aldous Huxley, escritor y filósofo británico.

El otoño nos invita a aceptar los procesos de la naturaleza y podemos encontrar en ella hermosos árboles que son perenne y otros que no lo son, estos son los árboles caducos que cada cierto tiempo en otoño sus hojas cambian de color verde a amarillo luego café, rojizo o marrón y muy suavemente se desprenden y van cayendo como si fueran unas finas plumas de aves que se refúgiaban en su follaje. Estas hojas secas llegan al suelo cubriéndolo con hermosos colores.

Para algunas personas este proceso les da nostalgia y no les gusta porque se deprimen pensando que deben esperar que llegue la primavera para que ese árbol que quedó desnudo vuelva a tener hermosas hojas verdes.

También esta caída de hojas, las relacionamos con el **"Dejar ir"** con el aceptarnos como somos, con el amarnos tal cual nos vemos en el espejo. Ya no somos jóvenes, llegamos a una etapa de la vida que se nos dificultan las cosas, todo lo hacemos más lento, vemos nuestras arrugas y quizás quisiéramos una varita mágica para no envejecer, pero debemos aceptarnos y disfrutar la vida reconociendo que ha llegado el tiempo de agradecer por lo que fue y que ya no es más. Así como el árbol acepta la pérdida de sus hojas en otoño.

Debemos aceptar la invitación que nos hace el otoño de revisar lo que ya no va, de hacer inventario de lo que aún queremos llevar con nosotros en nuestro viaje de vida y soltar lo que ya no funciona para la versión que deseamos ser. Lo que nos mantiene atados a un pasado y que ya no existe más, pero que teme morir.

Así como en la vida cotidiana debemos ordenar nuestra casa, nuestra ropa que ya no usamos, aquellos recuerdos o adornos que están dañados y aun así los guardamos porque no queremos dejarlos ir. Llegó el momento de soltar, renovarnos; la ropa si está en buenas condiciones podemos regalarla hay tantas personas que la necesitan y agradecerán el gesto nuestro de regalárselas.

"Para renacer es necesario morir"

Decidamos hoy desprendernos, aceptarnos, perdonarnos y amarnos como somos hoy y como fuimos. Nos despedimos, soltamos, dejamos de contener y permitirnos fluir. Confiemos en la grandeza de la vida, confiemos en Dios, en las maravillas que el universo nos tiene preparado y sigamos adelante que quedan más etapas que vivir.

CAPÍTULO V

"¿CÓMO VIVIR ESTA ESTACIÓN DE OTOÑO?"

"Este es el tiempo para seguir tu propio criterio, para confiar en tus intuiciones y en los signos que ves a tu alrededor, en la naturaleza".

Así como el otoño es una estación de cambios importantes: las temperaturas bajan, la humedad aumenta considerablemente, las horas de Luz se acortan y la presión atmosférica disminuye, en nuestra vida también sufrimos cambios tantos físicos, psicológicos y sociales.

La clave para vivir los seres humanos esta estación de otoño, es reconocer primero que ya llegamos a la etapa de la Senectud y debemos tener una vejez tranquila donde contemos con el apoyo suficiente y la motivación para desarrollar el hábito de no pensar negativamente.

En otoño e invierno, cuando amanece más tarde y anoche más temprano, se producen muchos cambios a nivel hormonal y de neurotransmisores. Las personas con este trastorno experimentan cambios de humor, desesperanza, ansiedad, irritabilidad, disminución de la libido.

Con la llegada del otoño, podemos sentirnos más cansados, sentimos antes la sensación de sueño y nos sentimos más tristes. La astenia otoñal se trata de un síndrome leve y de carácter temporal que puede durar solo unos días, pasando muchas veces desapercibido, aunque en ocasiones puede alargarse semanas.

Lo importante en esta fase las alteraciones posturales y la fragilidad de huesos y articulaciones se acentúan, lo cual puede llevar a reducir significativamente la autonomía de las personas. El resto de problemas de salud también siguen su progresión, haciéndose.

Se hace más necesario:

• Adoptar hábitos de vida saludables

- Realizar ejercicio físico
- Cuidar la alimentación con el fin de mantener el cuerpo tonificado
- Y no olvidarnos tampoco del cuidado específico de la piel.

¿Qué dice la Biblia sobre el otoño?

Deuteronomio 11:14-15 TLAI

Dios les enviará sin falta la lluvia de otoño y de primavera. Así cosecharán ustedes su propio trigo, y no les faltarán el vino ni el aceite; tendrán abundancia de alimentos, y a su ganado no le faltarán pastos.

Tradicionalmente, el equinoccio de otoño era el momento de honrar las cosechas. Metafóricamente, se refiere a la cosecha de metas y propósitos que te propusiste o plantaste cuando el año comenzó y cómo éstas han ido evolucionando y creciendo.

Con la llegada del otoño, podemos sentirnos más cansados, sentimos antes la sensación de sueño y nos sentimos más tristes. La astenia otoñal se trata de un síndrome leve y de carácter temporal que puede durar solo unos días, pasando muchas veces desapercibido, aunque en ocasiones puede alargarse semanas.

Lo más importante en esta fase son las alteraciones posturales y la fragilidad de huesos y articulaciones se acentúan, lo cual puede llevar a reducir significativamente la autonomía de las personas. El resto de problemas de salud también siguen su progresión, haciéndose sensiblemente más frecuentes en esta fase.

A través de los años los adultos mayores tenemos comportamientos aprendidos durante el transcurso del ciclo vital; y forman parte del estilo de vida, las que se ven afectadas por las características personales y los factores socio económico y cultural determinando la salud y enfermedad de los adultos aumentando su vulnerabilidad.

Es de suma importancia el trato emocional que se le da a un adulto mayor.

10 consejos sobre cómo tratar a personas mayores difíciles

- Paciencia, mantén la calma.
- Busca el motivo.
- Nunca es personal.
- Escucha al **anciano**.
- No les lleves la contraria.
- Trátalo **como** un igual.
- Busca actividades físicas y mentales.

- No lo aísles.

- Toma tiempo para ti.

- No dudes en pedir ayuda.

Es importante **descansar** sin culpabilizar, nuestro cuerpo necesita descanso. **Mantener una dieta nutritiva** y caliente con alimentos confortantes. **Volver al cuerpo**, hacerse auto masajes, realizar manualidades y anclaje, mantener los pies sobre la tierra sobre todo cuando salmamos a caminar, sentir el suelo, tener conciencia que estamos compartiendo con la naturaleza.

¿Cómo lograr hábitos saludables para adultos mayores?

- Actívate físicamente. ...

- Mantén una dieta equilibrada. ...

- Procura la socialización. ...

- Entrena la mente. ...

- Olvídate **de** los malos **hábitos**. ...

- Cuida tú higiene. ...

- Asiste al médico periódicamente. ...

- Procura descansar adecuadamente.

- **Dale nuevo sentido a la vida.**

Llegar a la tercera edad, no significa que debas parar todas tus actividades, por el contrario, es una nueva oportunidad para retomar aquellos deseos o anhelos que siempre has esperado cumplir y que por alguna razón no pudieron concretarse en el momento. Ya sea que inicies un proyecto desde cero o emprendas otras aventuras, mantenerte activo te dará el impulso que necesitas para ver la vida desde una perspectiva diferente.

Incorporar estas recomendaciones en tu cotidianidad te permitirá disfrutar esta nueva etapa desde otro punto de vista y conseguir un envejecimiento activo que te mantendrá sano en cuerpo y mente.

El ideal para vivir esta etapa de otoño es conversar con su pareja y la familia para planificar algunas actividades y que la familia esté enterada de sus decisiones. Es necesario que en esta etapa cada adulto mayor decida lo que quiere hacer, disfrutar la vida, hacer caminatas con su pareja siempre y cuando puedan valerse por sí mismo.

Resumiendo para vivir esta etapa de buena forma, debemos realizar nuestros controles de salud, mantener una dieta saludable, hacer ejercicios, compartir con personas de nuestra edad, disfrutar a la familia especialmente a los nietos que son los que nos iluminan la vida.

"Que el otoño te ayude a soltar lo que ya no te sirve, a reforzar tu interior y a prepararte para renacer en un mundo transformado"

Como conclusiones podemos decir que para el adulto mayor, tener una buena calidad significa tener paz y tranquilidad, ser cuidado y protegido por la familia con dignidad, amor y respeto, además de tener satisfechas como ser social sus necesidades de libre expresión, decisión, comunicación e información.

CAPÍTULO VI

¿QUÉ SIGNIFICA ESTAR EN EL OTOÑO DE LA VIDA?

"Vive la vida y olvida tu edad"

– Norman Vincent Peale, creador de la teoría pensamiento positivo.

Estar en el otoño de la vida lo relacionamos a la cosecha de la vida, a los frutos que pueden recolectarse luego de una siembra y maduración apropiada, es decir al momento de la vida en que una persona siente que accede a su plenitud vital y existencial.

También pensamos en el otoño como una fase de plenitud, de comienzo y de regeneración. Nos sentimos plenos porque cada etapa de la vida tiene sus características y valores por lo tanto en todas tenemos la posibilidad de realizarnos como personas y vivir con plenitud.

Cuando como adultos estamos en la etapa del trabajo, de tener los hijos y ocuparnos en su desarrollo pleno, no tenemos tiempo para nosotros, nos vamos postergando como persona y van quedando en el camino muchas cosas que hubiésemos querido hacer para nuestro desarrollo personal.

También debemos reconocer que en esta etapa de otoño que estamos viviendo nos ponemos melancólicos, nos retiramos del mundo exterior, física y psicológicamente. Es aquí donde debemos actuar, no podemos quedarnos en un letargo, por el contrario es el tiempo perfecto para dedicarlo a todo aquello que no habíamos podido realizar.

Si me gusta tejer, lo hacemos, si me gusta leer, lo hacemos, si nos gusta cocinar, lo hacemos, si me gusta escribir, pues lo hacemos. Ya pasó la etapa donde criamos, educamos, nos dedicamos al trabajo tanto fuera como dentro de casa. Hemos llegado a Nuestro Tiempo de Disfrutar la Vida.

Cada generación vive su momento, la niñez, la adolescencia, la juventud, la adultez, y la senectud, cada una de estas etapas tienen su momento determinado y cada una de ellas con sus propias características. En algunos momentos muy similares, porque nos cuestionamos lo que somos y lo que queremos ser o si lo estamos haciendo bien.

Es importante para nosotros que estamos en la etapa de otoño en nuestras vidas no dejar de lado el amor, esta etapa es el momento perfecto para que el romance entre en estado de reflexión que ayudará a disfrutar al máximo del amor físico y emocional.

En el amor en otoño hablamos de almas otoñales que se encuentran en el ocaso de una etapa donde entender el amor, ya no es como una conquista o una invasión, sino como una conexión basada en la alegría, la ternura y la complicidad donde podemos compartir muchas cosas aunque ya estemos viudos o separados, siempre habrá un momento para renacer al amor. Son relaciones maravillosas que dos personas se atreven a compartir su otoño
Hay un mensaje muy hermoso de madre Teresa de Calcuta que nos deja en su poema

ENSEÑARÁS A VOLAR

**Enseñarás a volar,
pero, no volarán tu vuelo.
Enseñarás a soñar,**

**pero, no soñarán tu sueño,
Enseñarás a vivir,
pero, no vivirán tu vida.
Sin embargo…
en cada vuelo,
en cada vida,
en cada sueño,
Perdurará siempre la huella
del camino enseñado.**

Madre Teresa de Calcuta

Estar en el otoño de la vida entonces significa soltar lo que ya no sirve suavemente, descarguémonos de lo que nos pesa, de lo que nos ocupa espacio y de lo que ya no necesitamos.

Aprovechemos para ordenar tantas cosas que no podíamos hacer quizás por falta de tiempo, pues ha llegado la hora que sí lo podemos hacer, aprovechemos este tiempo para ordenar nuestro armario, la cocina, el escritorio, utilicemos nuestra creatividad para liberar espacios.

Así estaremos preparados para una estación de nutrición profunda y sensación de solidez, dando paso al otoño lleno de vida y de calor humano.

Generalmente para muchas personas el adulto mayore en su etapa de otoño ha pertenecido a una familia donde se han preocupado de él o ella tanto en salud, como en una   alimentación saludable, lo que le ha ayudado a tener un buen pasar.

No debemos olvidar que un gran percentage de adultos mayores que se encuentran solos, algunos los internan en un hogar de anciano porque no los pueden cuidar o porque su salud se ha deteriorado con demensia senil. Es aquí donde debemos detenernos a mirar nuestra vida y dar gracias a Dios por lo que nos ha entregado y si está a nuestro alcance hacer algún voluntariado, visitar algún hogar y hacerles compañía o quizás algún vecino que se encuentre solo podemos visitarlo o preguntarle si necesita ayuda o compañía.

CAPÍTULO VII

"LA CAÍDA DE LAS HOJAS"

Te recuerdo como eras en el último otoño.
Eras la boina gris y el corazón en calma.
En tus ojos peleaban las llamas del crepúsculo
Y las hojas caían en el agua de tu Alma.
Apegada a mis brazos como una enredadera.
Las hojas recogían tu voz lenta y en calma.
Hoguera de estupor en que mi sed ardía.
Dulce Jacinto azul torcido sobre mi alma.
Siento viajar tus ojos y es distante el otoño:
boina gris, voz de pájaro y corazón de casa
hacia donde emigraban mis profundos anhelos
y caían mis besos alegres como brasas.
Cielo desde un navío. Campo desde los cerros.
Tu recuerdo es de luz, de humo, de estanque en
calma!
Más allá de tus ojos ardían los crepúsculos.
Hojas secas de otoño giraban en tu alma.

Fuente: (Neruda, 1995, pp. 35-36)

Constantemente la vida nos pone obstáculos, quizás pueden ser algo vital. Son la clave para crecer, siempre y cuando las afrontemos en forma sana e inteligente.

Esos obstáculos cuando logramos solucionarlos podríamos relacionarlos con las hojas de los árboles que caen en otoño.

Cuando somos pequeños y estamos aprendiendo a caminar, a veces hay que caer y levantarse, o cuando queremos aprender a andar en bicicleta también nos caemos y nos levantamos aunque nos de vergüenza en ese momento, pero la vida es un constante caer y saber levantarse. Cuando la vida nos da un revés, es cuando tenemos que volvernos a levantar.

Así caen las hojas de los árboles, ellas se secan y caen, vuelan con el viento, pero cubren la tierra y sirven de abono para mejorar era tierra. Luego llega la primavera y el árbol que perdió sus hojas, brota nuevamente y salen sus hermosas hojas las cuales le darán un hermoso follaje a ese árbol que a nosotros nos sirve de sombra.

Lo importante no es no caer nunca sino **saber incorporarse tras las caídas**, porque de vez en cuando la vida nos envía al suelo. Puede ser en el trabajo, en el amor, en la salud… ¡y cómo duele!

"Desarrollar el arte de caer y levantarse es aprender a recibir presiones, ataques sorpresa en la vida cotidiana".

Constantemente al conversar con personas adultas de diferentes edades se llega a la conclusión de que esta etapa de otoño que vivimos los adultos nos invita a la reflexión y al desapego.

En otoño, la naturaleza parece desprenderse de lo que no es esencial. Siguiendo sus pasos, también nosotros podemos soltar lo que ya no nos sirve.

CAPÍTULO VIII

¿ESTAMOS PREPARADOS PARA VIVIR EL OTOÑO EN NUESTRA VIDA?

"Uno empieza a ser joven a la edad de sesenta años". – Pablo Picasso, pintor.

Definitivamente pienso que en la vida no estamos preparados para llegar a la etapa del otoño en nuestra vida o a la etapa de la senectud (vejez), tenemos temor a lo que nos tocará vivir, pensamos en nuestra salud, en el término laboral y en cómo enfrentar estos cambios.

Con la llegada del otoño, podemos sentirnos más cansados, sentimos sueño y muchas veces tristeza. Puede ser que esto sea leve, temporal quizás pase muchas veces desapercibido, aunque en momentos puede alargarse semanas.

Generalmente las personas en otoño nos ponemos pensativos y tenemos algunos cambios fisiológicos como aumento del apetito con aumento de peso, sentimos más sueño, falta de energía, dificultad para concentrarse y tomar decisiones. Pero esto la mayoría de las veces es pasajero.

De estos cambios se desprende la importancia de cuidarnos, alimentarnos saludable, hacer ejercicios y prepararnos con controles médicos si es necesario.

"La edad es la aceptación de un período de años, pero la madurez es la gloria de los años". – Martha Graham, bailarina y coreógrafa.

La Jubilación, nos llegó la hora de retirarnos de la vida laboral, a pesar que muchas personas continuamos trabajando, igual llega el momento de pasar de un rol activo a uno pasivo. Debemos adaptarnos a la reducción de ingresos, la alteración del rol social y a la modificación de actividades diarias y rutinas.

Todo dependerá del motivo de la jubilación el cómo nos adaptamos a la nueva etapa de vida. Si nos jubilamos por enfermedad nos cuesta más adaptarnos mientras que si es una jubilación programada por edad (vejez), será una etapa de mayor plenitud.

Entre las grandes preocupaciones que tenemos al llegar a este otoño o mejor dicho a la edad de pensionarse es qué haré después. Todos debemos estar preparados para la jubilación que es una etapa de la vida. Algunas recomendaciones que nos pueden ayudar:

Psicológicamente la jubilación nos afecta a las personas, algunos más otros menos.

Podemos destacar posibles cuadros tipo depresión o manía, procesos de desvinculación, ansiedad, trastornos psicosomáticos, nivel de autoestima, para evitarlo debemos:

Mantenernos ocupados en lo posible en leer un buen libro, viajar, pintar, practicar algún deporte, ciclismo o simplemente caminar.

Ofrecerse como voluntario para ayudar a las personas. Si tenemos tiempo disponible, ayudar a otros **puede** ser una de las mejores inversiones del mismo y una decisión que definitivamente puede traernos **alegría.**

Cómo nos sentimos como persona jubilada, antes de llegar a esa etapa siempre me preguntaba lo mismo. Luego llega el día tan esperado y nos preguntamos ¿Y ahora qué? Bueno ahora tenemos una sensación de que estamos de vacaciones, pero mejor, ya que no existe la presión de ver cómo se acaban los días, y nos suele hacernos sentir "feliz" de estar jubilada.

Aunque personalmente estuve unos meses tejiendo en Pandemia, y sentada frente al televisor viendo Series, luego me puse a pensar que mis días pasaban y pasaban sin sentirme satisfecha con lo que estaba haciendo. Ahí después de analizar mi vida y recordar que tenía un deseo grande que cumplir, me puse de pie, tomé el computador y comencé a escribir, escribir y escribir sin parar, me entusiasmó tanto la idea de escribir que logré hacer mi primer libro "Mi vida" La muerte de un padre nos lleva a trabajar unidos. Se publicó en Amazon.

Luego un segundo libro "De matrimonio en Crisis a volver a ser felices" Recuerdo cómo formé mi familia y 47 años unidos. Nuevamente se publicó en Amazon. Pero me gustó tanto escribir que llegó el tercer libro ¿Qué está pasando por la cabeza de tu Adolescente? ¿Sabes qué está viviendo? Conoce las etapas.

Con 40 años de docencia tengo mucho que aportar a mis lectores, son libros de autoayuda. Así que todos los seres humanos que llegamos a esta edad algunas veces temida, con incertidumbres de qué hacer encontrarán cómo ocupar su tiempo y lograr anhelos que están guardados muy en nuestro interior.

Entonces podemos decir que no todos estamos preparados para vivir este otoño, pero podemos aprender a vivirla con amor, Fe y perseverancia

CAPÍTULO IX

¿QUÉ SIGNIFICA EL OTOÑO ESPIRITUAL?

"A medida que transcurre el tiempo y te haces viejo, te das cuenta de que no existen respuestas a muchas preguntas. Sin embargo, lo que siempre sobran son historias". – Garrison Keillor autor, narrador, humorista, actor de doblaje y personalidad de la radio estadounidense.

Mi abuelita Berta, Bertuchita como la nombrábamos nosotros desde pequeños, nos contaba muchas historias a pesar que teniendo unos 28 años la asaltaron y pegaron en sus ojos, perdiendo la vista; ella ya había leído muchos libros, entonces nos entretenía con sus historias.

Muchas de esas historias tenían que ver con la naturaleza especialmente del otoño. Ella recordaba los colores de las hojas de los árboles cuando caían al secarse y la alegría que le daba a ella pisar esas hojas en el suelo y que después servirían de abono para los mismos árboles.

Ella nos enseñaba a respetar a la naturaleza y a todos los seres vivos, especialmente a las personas mayores, porque ellos tienen la experiencia de vida que nos dejan y nos enseñan a vivir con fe y esperanza.

Así, recordando esas historias puedo decir que el otoño nos invita a conectarnos espiritualmente con sus características, a fin de hacer conciencia y buscar la forma de reflejarnos en nuestra vida para aumentar nuestro crecimiento interior.

Las hojas que caen de los árboles en otoño si profundizamos qué representan, ellas representan la posibilidad de dar nueva vida, de trabajar en un nuevo crecimiento espiritual. Así que debemos escuchar el llamado interior al que nos invita esta estación y crecer en bondad y agradecimiento.

Tradicionalmente, el equinoccio de otoño era el momento de honrar las cosechas. Metafóricamente, se refiere a la cosecha de metas y propósitos que nos propusimos o planteamos cuando el año comenzó y cómo éstas han ido evolucionando y creciendo.

La Biblia nos habla sobre el otoño en Deuteronomio 11:14-15

"Dios les enviará sin falta la lluvia de otoño y de primavera. Así cosecharán ustedes u propio trigo, y no les faltarán el vino ni el aceite; tendrán abundancia de alimentos, y a su ganado no le faltarán pastos".

Etimológicamente la palabra otoño significa "La Plenitud del Año", entendiendo esa plenitud como símbolo de madurez. Representa el período en que los cultivos florecen, permitiéndonos recoger la cosecha.

Al llegar el otoño se acercan grandes cambios en nuestra vida, de la misma forma que nos invita el texto Bíblico, donde nos dice que es tiempo de cosecha y que no nos faltará nada. Por lo tanto debemos recibir este otoño o esta etapa de senectud con alegría, confianza, amor, Fe y esperanza en que todo lo que nos queda por vivir Dios ya lo sabe y él nos acompañará día a día independientemente a la creencia que tengamos.

Espiritualmente debemos tener un corazón limpio, sano de envidia, aprender a vivir cada etapa que nos corresponde en la vejez, disfrutar a la familia, a los nietos si los tienen y compartir la unión con su esposo o pareja.

Este mundo está compuesto, según Eucken, por tres esferas: la espiritualidad militante, la espiritualidad fundamentada y la espiritualidad triunfadora. La primera (militante) para llenarla es preciso que dediquemos una buena parte de nuestro tiempo y energía al servicio público.

Por lo tanto espiritualmente debemos prepararnos para **el servicio público**, soltar sentimientos que nos hacen daño, **prepararnos** para ese otoño que muchas veces es frío, pero está en nosotros darle el calor y la energía necesaria para vivir lo mejor que se puede nuestra vejez. **Agradecer** a la tierra las riquezas que nos ofrece.

Si lo llevamos a nuestra vida, es un tiempo perfecto para agradecer y bendecir todo lo que tenemos, lo que hemos alcanzado con nuestro esfuerzo y que podemos disfrutar cada día, incluyendo las personas que nos rodean, la familia en especial, los amigos, los vecinos, en fin agradecer cada detalle que nos permite vivir.

Las hojas que caen en otoño representan la posibilidad de dar nueva vida, de trabajar en un nuevo crecimiento espiritual así que escuchemos el llamado interior al que esta estación nos invita y creceremos en bondad y agradecimiento.

PROVERBIOS 23:22-24-25 TLA

"Presta atención a tus padres, pues ellos te dieron la vida; y cuando lleguen a viejos, no los abandones. Acumula verdad y sabiduría, disciplina y entendimiento, ¡y no los cambies por nada! El hijo bueno y sabio es motivo de gran alegría para su padre y su madre que le dieron la vida"

La Biblia nos habla del cuidado a los padres:

"Honra a tu padre y a tu madre, para que tus días se alarguen en la tierra que Jehová tu Dios te da" (Éxodo 20:12).

"Los hijos tienen la obligación de cuidar a los padres ancianos", dice experta en derecho - Mejor con Salud.

Algunos consejos cómo cuidar a los padres cuando envejece.

- No te sientas culpable.
- Valora la opinión de tus **padres**.
- Infórmate sobre las ayudas para los **cuidados de** personas mayores.
- Busca ayuda profesional y en tu entorno.

En qué momento termina la responsabilidad de los padres con respecto a los hijos.

En general, los padres sólo tienen obligaciones con respecto a los hijos menores de edad. Esas obligaciones terminan cuando los hijos cumplen 18 años.

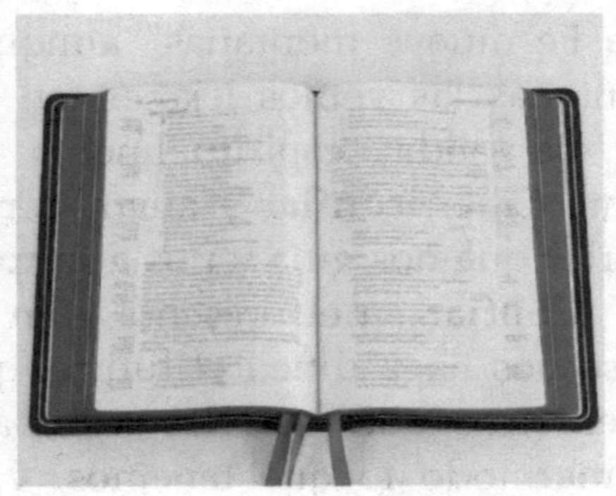

La Biblia nos entrega una enseñanza sobre las personas mayores. Dios nos enseña a respetar a nuestros mayores. Y no solo a los ancianos, sino también a las personas que tienen más años y experiencia que nosotros. Respetar no significa obedecer ciegamente sus instrucciones ni someterse incondicionalmente sin pensar en lo que estamos haciendo.

Cuando los padres envejecen a la familia que no está bien unida se les dificulta el cuidado de sus mayores. Envejecer resultará complicado para todos los miembros de una familia actualmente. Las necesidades que se apreciaban hace unas décadas hoy son sustituidas por generaciones que creen menos en el matrimonio, creen menos en los hijos y es aquí donde la confianza por formar una familia comienza a perder valor.

"La Fe mueve montañas" aunque a veces esas montañas las vemos lejanas, en esta edad mirando la vida espiritualmente es muy importante **Creer, confiar y amar**. **Creer** en un ser Superior que nos guía y nos acompaña todos los días. **Confiar** en el presente y en el futuro, aunque se nos haga difícil el futuro, quizás por algunas enfermedades que nos acompañan en la vejez. **Amar** todo lo que tenemos, vida, hijos, nietos, amigos y quizás algunos aún tienen trabajo y no han llegado a la edad de su pensión, pero no por ello no van a amar, la naturaleza, el despertar todos los días a un nuevo día y dar gracias por ello.

También podemos pensar durante la tercera edad las personas ya no cuentan con las obligaciones laborales que tenían cuando eran jóvenes, los hijos están grandes posiblemente con trabajo entonces durante esta etapa de la vida se alcanza una nueva concepción de independencia.

Por estas razones, la tercera edad debería ser considerada como **una etapa de plenitud en la vida del ser humano**. Sin embargo, esto no se cumple en la mayoría de los casos debido a diversos factores como: enfermedades crónicas, discapacidades, dependencia económica, entre otros.

Algunos adultos mayores en esta etapa piensan que están demás en la familia por su deterioro físico y solo piensan en la muerte. Aquí comienza a tomar una real importancia el apoyo familiar porque si la mayoría de los problemas de salud son ocasionados por enfermedades crónicas, que si se detectan de forma temprana, se pueden prevenir o retrasar mediante hábitos saludables.

Los hijos y demás familiares cumplen un rol primordial para acompañar a este adulto mayor que presenta estas dificultades y que muchas veces los lleva a una depresión que cuesta salir de ella.

La tercera edad es una etapa de transiciones y adaptaciones que para ella es muy importante llegar con buena salud y cuidarnos siempre. Si nos sentimos bien con energía y ánimo podremos participar en alguna comunidad donde ayudemos a otras personas a superar sus dificultades.

CAPÍTULO X

"PENSAMIENTOS DE OTOÑO"

Pensamiento de otoño
 [Poema - Texto completo.]

Rubén Darío

Huye el año a su término

Como arroyo que pasa,

Llevando del poniente

Luz fugitiva y pálida.

Y así como el del pájaro

Qué triste tiende el ala,

El vuelo del recuerdo

Que al espacio se lanza

Languidece en lo inmenso

Del azul por do vaga.

Huye el año a su término

Como arroyo que pasa.

Un algo de alma aún yerra

Por los cálices muertos

De las tardes volubles

Y los rosales trémulos.

Y, de luces lejanas

Al hondo firmamento,

En alas del perfume

Aún se remonta un sueño.

Un algo de alma aún yerra

Por los cálices muertos.

Canción de despedida

Fingen las fuentes túrbidas.

Si te place, amor mío,

Volvamos a la ruta

Que allá en la primavera

Ambos, las manos juntas,

Seguimos, embriagados

De amor y de ternura,

Por los gratos senderos

Do sus ramas columpian

Olientes avenidas

Que las flores perfuman.

Canción de despedida

Fingen las fuentes turbias.

Un cántico de amores
Brota mi pecho ardiente
Que eterno abril fecundo
De juventud florece.
¡Qué mueran, en buen hora,
Los bellos días! Llegue
Otra vez el invierno;
Renazca áspero y fuerte.
Del viento entre el quejido,
Cual mágico himno alegre,
Un cántico de amores
Brota mi pecho ardiente.

Un cántico de amores
A tu sacra beldad,
¡Mujer, eterno estío,
Primavera inmortal!
Hermana del ígneo astro
Que por la inmensidad
En toda estación vierte

Fecundo, sin cesar,

De su luz esplendente

El dorado raudal.

Un cántico de amores

A tu sacra beldad,

¡Mujer, eterno estío

Primavera inmortal!

Disfrutemos de algunos poemas y pensamientos que se refieren al otoño.

El otoño

Rojizos y anaranjados
Amarillo y violetas
se adueñan en el otoño
de nuestro bello planeta

Los árboles se desnudan
y en alfombras de colores.
Las orugas y lombrices
juegan con los caracoles

Y los días son más cortos
y las noches son más largas.
Muy pronto llega la luna
y enseguida el sol se marcha.

**El otoño es una segunda primavera,
Donde cada hoja es una flor.
(Albert Camus)**

**El otoño es un andante melancólico y gracioso
que prepara admirablemente el solemne adagio
del   invierno.
(George Sand)**

El otoño siempre ha sido mi estación favorita. El momento en que estalla todo con su belleza pasada, como si la naturaleza hubiera estado ahorrando todo el año para el gran final. (Lauren DeStefano)

Ninguna belleza de primavera o de verano tiene tanta gracia como yo he visto en una cara otoñal. (John Donne)

Pertenezco al otoño. Y en otoño me hablan todas las cosas que he perdido. (NinaEin, Twitter)

El otoño es la estación más dulce, y las flores que perdemos las ganamos en frutos. (Samuel Butler)

El invierno es una aguafuerte, primavera una acuarela, un óleo de verano y otoño un mosaico de todos ellos. (Stanley Horowitz)

Pertenezco al otoño. Y en otoño me hablan todas las cosas que he perdido.
(NinaEin, Twitter)

El otoño es la estación más dulce, y las flores que perdemos las ganamos en frutos.
(Samuel Butler)

El invierno es una aguafuerte, primavera una acuarela, un óleo de verano y otoño un mosaico de todos ellos.
(Stanley Horowitz)

Por eso yo prefiero el otoño a la primavera, porque en el otoño se mira al cielo — en la primavera, a la tierra.
(Soren Kierkegaard)

En otoño, no vayas a las joyerías a ver el oro; ve por los parques!
(Mehmet Murat ildan)

Ahora el fuego del otoño quema lentamente por el bosque y día a día las hojas muertas caen y se funden.
(William Allingham)

A mí nunca me ha parecido el otoño una estación triste. Las hojas secas y los días cada vez más cortos nunca me han hecho pensar en algo que se acaba, sino más bien en una espera de   porvenir.
(Patrick Modiano)

Cada hoja habla de felicidad para mí, agitando los árboles de otoño.
  (Emily Bronte)

Hay una armonía en otoño,
y un brillo en su cielo,
que durante el verano no se escucha o se ve,
como si no pudiera ser,
como si no hubiera sido!
(Percy Bysshe Shelley)

El otoño se acerca

EL OTOÑO SE ACERCA CON MUY POCO RUIDO:
APAGADAS CIGARRAS, UNOS GRILLOS APENAS,
DEFIENDEN EL REDUCTO
DE UN VERANO OBSTINADO EN PERPETUARSE,
CUYA SUNTUOSA COLA AÚN BRILLA HACIA EL OESTE.
SE DIRÍA QUE AQUÍ NO PASA NADA,
PERO UN SILENCIO SÚBITO ILUMINA EL PRODIGIO:
HA PASADO UN ÁNGEL
QUE SE LLAMABA LUZ, O FUEGO, O VIDA.
Y LO PERDIMOS PARA SIEMPRE.
– Ángel González

"El otoño es una segunda primavera, cuando cada hoja es una flor" -Albert Camus.

"No existe belleza primaveral, ni el verano tiene tanta gracia como el que he visto en un rostro otoñal" –John Done

**"Viento de otoño, tan fugaz como tú se
fue mi amor"**. –Masajo Suzuki.

POEMA ODA A LA EDAD
(Pablo Nerura)

Yo no creo en la edad.

Todos los viejos
llevan
en los ojos
un niño,
y los niños
a veces
nos observan
como ancianos profundos.

¿Mediremos
la vida
por metros o kilómetros
o meses?
¿Tanto desde que naces?
Cuanto
debes andar
hasta que
como todos
en vez de caminarla por encima
descansemos, debajo de la tierra?

Al hombre, a la mujer
que consumaron

acciones, bondad, fuerza,
cólera, amor, ternura,
a los que verdaderamente
vivos
florecieron
y en su naturaleza maduraron,
no acerquemos nosotros
la medida
del tiempo
que tal vez
es otra cosa, un manto
mineral, un ave
planetaria, una flor,
otra cosa tal vez,
pero no una medida.

Tiempo, metal
o pájaro, flor
de largo pecíolo,
extiéndete
a lo largo
de los hombres,
florécelos
y lávalos
con
agua
abierta
o con sol escondido.
Te proclamo
camino
y no mortaja,
escala
pura
con peldaños

de aire,
traje sinceramente
renovado
por longitudinales
primaveras.

Ahora,
tiempo, te enrollo,
te deposito en mi
caja silvestre
y me voy a pescar
con tu hilo largo
los peces de la aurora!

Un adulto mayor jamás debiera pasar por estos pensamientos:

"Me han dado dos de las condenas más duras, **la soledad y el olvido**".

En muchas familias cuando un adulto mayor no es auto Valente, creen que con llevarlo a un Hogar de Ancianos, solucionan el problema, pero realmente lo que hacen es abandonarlo y hacerle sentir que se olvidaron de él/ella y que no comprenden la necesidad que tiene de vivir su otoño dignamente, rodeado de amor y cariño familiar.

"Los años parecen pasar con más rapidez a medida que te vas haciendo mayor" es por eso que debemos pensar en nuestro bienestar tanto físico como emocional y aprender a vivir la vida con alegría y felicidad. Aprovechar cada instante y disfrutar con su pareja, hijos y nietos o amigos.

"El tiempo que se pierde no vuelve", reaccionemos a tiempo y compartamos nuestras experiencias de vida, dejemos una huella que no la borre el viento ni la lluvia.

Todas las cosas tienen un **tiempo de duración**, por lo mismo debemos disfrutarlas al máximo.

La Biblia dice: en la vida todo tiene un tiempo determinado: tiempo para compartir, tiempo de llorar, tiempo de estar alegres y tiempo de sembrar y tiempo de cosechar. Aprovechemos nuestro tiempo para organizarnos, despojarnos de lo que no nos sirve y decidir ser felices disfrutando con quien nosotros decidamos.

"ENTREVISTAS A ADULTOS MAYORES"

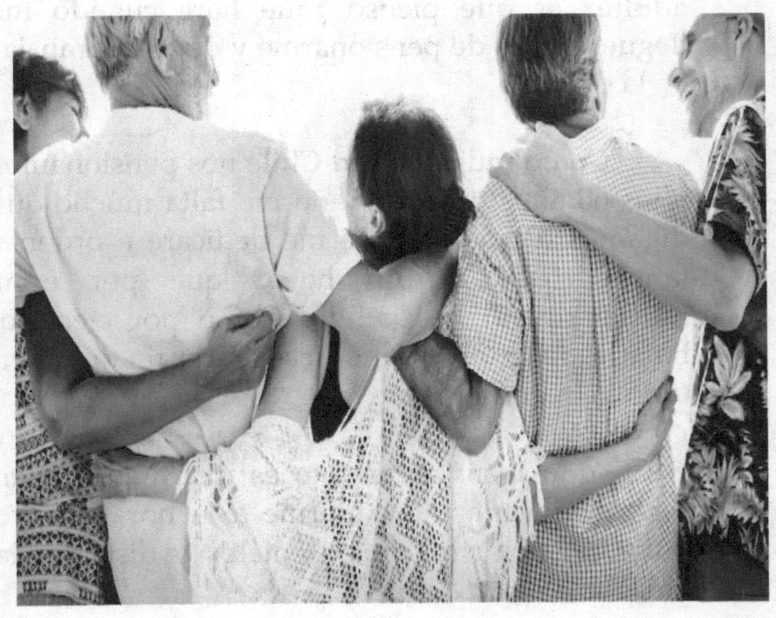

Con mucho respeto se entrevistaron a diferentes personas para saber ¿cuál es su opinión y cómo viven su etapa de otoño o adultez.?

Isabel Parra (59 años)

Mi opinion sobre cómo vivo esta etapa de adultez es que pienso ¿qué hare cuando me llegue la hora de pensionarme y dejar de trabajar en la oficina?

Como mujer acá en Chile nos pensionamos a los 60 años de edad y no me falta mucho que digamos. Pero creo que me dedicaré a ordenar tantas cosas de mi hogar que por estar trabajando no he podido. Como por ejemplo: botar todo lo que no me sirve, hacer un orden en todo lo material.

Y lo más importante es disfrutar con mi esposo, dormir y levantarme a la hora que yo quiera, compartir con mis nietos y disfrutar la vida.

¿Cuál es su opinión y cómo vive su etapa de otoño o adultez.?

José Luis Castellano (70 años)

Excelente pregunta, Te dire que en la familia siempre pensamos en qué hacer a esta edad.

Como hombre que somos los que en una gran mayoría mantenemos una familia con un sueldo y llegar a la edad de pensionarse es extremadamente preocupante. No sabemos qué nos depara el destino con las pensiones tan bajas en nuestro país, vienen enfermedades a medida que envejecemos por lo tanto debemos disfrutar a la familia, desprendernos de cosas que no nos sirven y disminuir los gastos para que tengamos una vejéz digna. El ideal es a esta edad no dar problemas a los hijos y si se puede reinventarse con otras actividades que nos aporten ingresos extra.

¿Cuál es su opinión y cómo vive su etapa de otoño o adultez?

Religiosa (80 años)

No he pensado que estoy en el otoño de mi vida, porque para mi cada día es vivir lo que Dios quiere, trato de cumplir su voluntad sintiendo y sabiendo que a veces es un poco difícil, pero no imposible.

¿Cuál es su opinión y cómo vive su etapa de otoño o adultez?

Viviana (62 años)

Tenemos otoños lindos con familias de base que son regalones de todos. Pero también hay otoños solitarios sin familias, ni amigos.

Veo otoños solitarios que de repente ese vecino está tan enfermo que muere en los brazos de los dirigentes vecinales.

No todas las personas logran tener un lindo otoño, por eso es tan importante para aquellos que tienen un buen otoño, se ocupen en ser solidarios y ocuparse en ayuda social. Y están los otoños como mi madre que tiene días con mucho sol y otros de mucho dolor que llora porque espera la llegada de su esposo que ya falleció y ella solo se acuerda que está en la mar trabajando, se quedó también en la época de juventud esperando que llegue su hijo del colegio. En fin realmente los otoños son muy diferentes para el ser humano.

ACERCA DEL AUTOR

Erika Straube Ríos, nació en Valparaíso Chile el 28 de agosto de 1952, Profesora de Estado en Educación General Básica egresada en 1981.

Trabajó en Valparaíso y luego se radicó en San Antonio de Chile, desempeñándose en colegios Municipales como Particulares subvencionados de las Hermanas de la Providencia.

Hoy pensionada y dedicada a escribir sus libros con temas que sirvan de ayuda a diferentes personas: como aprender a ser Resiliente, superar su autoestima, hablar del amor en el matrimonio para mantenerse unidos, enseñanzas para comprender a sus adolescentes y poder comprenderlos en la etapa que están viviendo y ahora este libro que dedica a todos los adultos mayores para que puedan disfrutar la etapa de otoño que están viviendo. Casada hace 48 años, tres hijos y tres nietos.

WEBGRAFIA

- https://www.google.com/search?q=qe=U
- https://www.valida.es/blog/post/frases-bonitas- para-gente-mayor
- http://portal.amelica.org/
- https://www.cuerpomente.com/frases/10-frases-vida-aprender-caer-levantarse
- www.google.com/search?q=que+significa+el+otoño+espiritual&oq
- https://laverdadnoticias.com/estiloyvida/Significado-espiritual-del-otono-un-estado-de-plenitud
- https://canitas.mx/guias/a-que-edad-se-considera-adulto-mayor/#el+rol+del+adulto+mayor+en+la+sociedad
- http://www.fotorecerca.com/teresaduran
- https://aforisticamente.com/frases-y-citas-sobre-el-otono/

CONTACTO

erikastraube.com

erikas382012 (Instagram)

@rikastrauberios962 (Youtube)

Facebook Erika Straube